# EL CONSEJO DE
# ELIFAZ

## Ocho principios para el éxito

## Héctor P. Torres

**GRUPO NELSON**
Una división de Thomas Nelson Publishers
*Desde 1798*

NASHVILLE   DALLAS   MÉXICO DF.   RÍO DE JANEIRO

Diseño interior: *www.blomerus.org*

ISBN: 978-1-60255-654-6

## Dedicatoria

Quiero dedicar este libro a todos aquellos familiares, amigos y compañeros del ministerio que a través de los años han continuado y perseverado con sus oraciones y ofrendas de amor que nos han permitido viajar a cinco continentes, medio centenar de naciones y cientos de ciudades alrededor del mundo ministrando las preciosas promesas y bendiciones de las Sagradas Escrituras. El Señor les recompense con abundancia de paz, prosperidad y tranquilidad por el resto de sus vidas.

Vuelve ahora en amistad con él, y tendrás paz;
y por ello te vendrá bien.
Toma ahora la ley de su boca,
y pon sus palabras en tu corazón.
Si te volvieres al Omnipotente, serás edificado;
alejarás de tu tienda la aflicción;
tendrás más oro que tierra,
y como piedras de arroyos oro de Ofir;
el Todopoderoso será tu defensa,
y tendrás plata en abundancia.
Porque entonces te deleitarás en el Omnipotente,
y alzarás a Dios tu rostro.
Orarás a él, y él te oirá;
y tú pagarás tus votos.
Determinarás asimismo una cosa, y te será firme,
y sobre tus caminos resplandecerá luz.

Job 22.21-28

# Contenido

Contenido

# Agradecimientos

CADA VEZ QUE ME PONGO A PENSAR en todas las personas que han sido de gran bendición para mi vida no dejo de tener en mente a todos los que han caminado con mi esposa y conmigo en los buenos y los difíciles tiempos de la vida. Durante nuestro muchos años de ministerio podemos recordar a grandes hombres y mujeres de Dios que han sido usados por Dios para darnos más y más revelación de los secretos y misterios que contiene la Palabra de Dios.

El consejo de Elifaz trae en mente a algunos que como este nos dieron un consejo bueno pero con las mismas intenciones, así mismo recordamos a muchos que nos han asesorado y guiado por los caminos de rectitud e integridad buscando ser un beneficio para nuestras vidas. Doy gracias, tanto a estos como a los primeros.

*El consejo de Elifaz*

Deseo reconocer a mis hermanos Mauricio y Marta Torres que aunque lamentablemente no fueron parte de mis años de juventud basado en razones de las cuales tanto ellos como yo fuimos inocentes, en nuestros últimos años han llegado a ser una parte importante de mi vida y mucho más aún cuando son así mismo hermanos en Cristo.

## Introducción

EN MÁS DE VEINTE AÑOS en el ministerio, y por las experiencias personales vividas, he podido ver cómo en diferentes áreas de la vida, ya sea con Dios o con los hombres, existen distintas razones por las cuales algunos logran ser exitosos y otros no.

Con mucho interés he observado cómo algunos ministerios, empresarios o personas comunes alcanzan prosperidad y tranquilidad en sus vidas, y cómo otros continuamente fallan en todo lo que emprenden. En la mayoría de los casos, estas personas no son nada diferentes unas de las otras, y sin embargo los resultados de sus esfuerzos y trabajo sí lo son. El profeta Hageo escribe acerca de aquellos que siembran mucho y recogen poco, sobre los que no pueden equilibrar sus finanzas, pues así como sus remuneraciones entran, de la misma forma se pierden, como si hubiesen sido puestas en saco roto.[1]

Muchos de mis amigos y compañeros en el ministerio han logrado sus objetivos en sus empresas debido a ciertos principios bíblicos que, conscientemente o no, han sido puestos en práctica y, naturalmente, sus resultados han sido positivos. Pero también he conocido a algunos que una y otra vez emprenden diferentes tareas, y sin embargo no logran ver el fruto de sus labores.

En este libro muestro aquellos principios que han sido causa de esa diferencia. Con el paso de los años traté de ponerlos en práctica, y paulatinamente he ido descubriendo que si fehacientemente los llevamos a cabo, alcanzaremos los efectivos resultados deseados. Estoy convencido de que estos principios son una herramienta de un tremendo potencial para ayudarnos a superar los desafíos que enfrentamos diariamente en todas las áreas de nuestras vidas.

Quiero presentar en esta obra unas grandiosas promesas de Dios, para que pueda lograr que sean parte de su vida. Dice el maravilloso libro de Bruce Wilkinson, *La oración de Jabes:* «Este volumen trata sobre lo que les ocurre a personas ordinarias que deciden emprender y buscar una vida extraordinaria».[2] Como aprenderemos, es en una vida de intimidad con Dios, en la cual observamos como resultado estos principios. El estudiarlos y, consecuentemente, aplicarlos, traerá una vida de éxito, seguridad y prosperidad.

Sé que muchos han preguntado cómo puede ser que el consejo de Elifaz pueda ser el tema de un libro, cuando la misma Biblia declara que Jehová mismo lo reprendió diciendo: «Mi ira se encendió contra ti y tus dos compañeros; porque no habéis hablado de mí lo recto, como mi siervo Job».[3]

Estudiando los comentarios del Antiguo Testamento, he hallado varias razones. De ellas, la más clara es la de los teólogos alemanes Carl Friedrich Keil y Franz Delitzsch:

El consejo de Elifaz abre una tercera controversia. La primera de ellas trata sobre los consejos de amigos que sobrellevan la carga del castigo adornadas con llamativas promesas; pero éstas eran incapaces de consolar a Job porque se originaban en una suposición de que su sufrimiento era la causa de las consecuencias de su pecado, y la única manera de ser libre del castigo era volverse a Dios. La segunda es que, como Job no prestó atención a sus exhortaciones de penitencia, las promesas fueron retomadas y comenzaron a amenazar de castigo con las más grandes desgracias reservadas para un pecador.[4]

Cuán verdadero es lo que Elifaz dice, que Dios no bendice al pío porque le es de ganancia, ni castiga al impío porque le causa daño. El malvado no causa daño a Dios sino a sí mismo, por lo cual la conducta de Dios para con ambos no es arbitraria ni egoísta. Pero Elifaz llega a una falsa conclusión, sugiriendo que Dios recompensa al virtuoso y castiga al pecador, por lo cual el sufrimiento es, única y absolutamente en los propósitos de Dios, para castigar el pecado del hombre. Las exhortaciones y promesas a través de las cuales Elifaz busca llevar a Job hacia Dios son, por sí mismas, grandes verdades y por cierto muy gloriosas. Lo dirigen a una paz interna, en la cual había perdido completamente su enfoque, cuando habló de lo desafortunado del justo en contraste con la prosperidad del impío. Pero aun estas maravillosas promesas están contaminadas por la suposición falsa de donde proceden.[5]

Muy cierto es que, muchas veces, una verdad dicha con un espíritu incorrecto, trae condenación y juicio en lugar de ánimo y consuelo; es por esto que la Biblia nos exhorta a decir la verdad, pero con un espíritu de amor y no de juicio.[6]

David, Salomón, Isaías, Daniel y Moisés, entre otros, repetidas veces usaron textos de los consejos hallados en el libro de Job. El libro de los Proverbios con frecuencia toma de este libro. Algunos ejemplos son Salmos 37.4 e Isaías 58.14, que toman de Job 22.26; Proverbios 3.8 de Job 21.24; Daniel 6.20 de Job 4.18; Salmos 119.105 y Proverbios 6.23 de Job 22.28; Proverbios 13.9 y 24.20 de Job 21.27.

Los animo a que mediten sobre estos principios aplicando estas verdades a sus acciones y actitudes. La transformación de la manera de pensar, actuar y hablar traerá tales cambios, que permitirá que vivan con éxito, seguridad y tranquilidad.

*Héctor P. Torres*
*Ministerio Hispano Internacional*

# 1
## Los resultados de vivir en intimidad con Dios

Vuelve ahora en amistad con él, y tendrás paz;
y por ello te vendrá bien.
Job 22.21

 UNA DE LAS RAZONES POR las cuales la mayoría de las personas tiene grandes problemas en sus matrimonios, o lugares de estudio y empleo, está basada en el hecho de que no existen buenas relaciones personales. Debido a esto, tampoco tienen buena comunicación y, poco a poco, lo que antes era agradable y aun hasta gozoso, se torna en rutina y pierde su interés.

Con frecuencia perdemos el interés y la pasión por las cosas que en el pasado añorábamos, buscábamos y anhelábamos, porque nos acostumbramos a las cosas rutinarias. Dejamos de echarle leña al fuego, y al pasar del tiempo, la llama se extingue.

Mi esposa Myriam, a quien afectuosamente llamo Mimi, y yo llevamos 35 años de casados. No todas han sido épocas de regocijo absoluto, pero después de todos estos años, puedo decirles que nuestras relaciones, hoy día, son más fuertes que nunca. Con el paso del tiempo nos hemos llegado a conocer de tal manera que basta con una mirada o una sonrisa para que ella sepa lo que voy a decir, y muchas veces anticipa lo que pienso hacer. En algunas ocasiones puedo darme cuenta de que está enojada conmigo simplemente por la expresión de su rostro.

Tal vez cada uno de ustedes puede identificarse con lo que estoy diciendo. Creo que toda pareja ha desarrollado un medio de comunicación sin palabras, simplemente por las expresiones del rostro y nuestra apariencia o aspecto. Muchas veces, en medio de consejería o asesoramiento, puedo entender lo que está ocurriendo por las simples expresiones del rostro de las parejas. Y la razón es, simplemente, que hemos tenido mucho tiempo de calidad íntima y nos hemos llegado a conocer mutuamente.

Qué triste es para Dios el saber que aquella pasión que una vez tuvimos por pasar tiempo con Él, el gozo que encontrábamos en el estudio de su Palabra, la alegría que nos consumía para asistir a los servicios y estudios bíblicos, ya no está en nosotros, y que nuestra vida diaria no deja un tiempo de calidad para comunicarnos con el Señor. Con frecuencia, aun para aquellos que estamos en la obra del ministerio, los quehaceres cotidianos ocupan nuestro tiempo de tal manera que nos olvidamos totalmente de quién nos llamó por su amor para tener comunión con Él.

Vuelve es un llamado para aquel que se ha alejado o apartado. La palabra implica la necesidad de regresar. En el libro de Apocalipsis hallamos a una de las siete Iglesias allí descritas como una Iglesia que había perdido su primer amor.[1] Fue reconocida por sus obras y su trabajo arduo, pero también fue severamente reprendida, pues habían relegado lo más importante, que era su tiempo de intimidad con Dios. Con frecuencia nos ocurre lo mismo. Los quehaceres y el trabajo nos consumen de tal manera que las relaciones con nuestros seres amados se pierden y se vuelven rutinarias. Perdemos la pasión y el fuego que teníamos al principio. Muchas veces, cuando las relaciones conyugales van empeorando, una de las preguntas que más se hacen las personas es por qué las cosas no pueden ser como al principio. Me he dado cuenta de que algo necesario para volver a renovar nuestro amor es el volver a hacer y a expresar aquellas cosas que gozosamente hacíamos al principio de nuestras relaciones. Como dice el libro de Lamentaciones, debemos *renovar nuestros días como al principio.*[2]

*Ahora* tiene un significado de urgencia. Generalmente esta expresión se usa para acentuar una necesidad urgente. En la Biblia hay palabras que hablan del pasado, otras del presente y otras del futuro, pero encontramos también algunas palabras que tienen un significado eterno y constante. Términos como *siempre, nunca, jamás, eterno, ahora* encierran una vigencia permanente. La palabra «ahora» es una de mis favoritas en la Palabra de Dios. Cuando comencé a entender su significado, las promesas de Dios se hicieron mucho más significativas y relevantes porque entendí que eran aplicables a mi vida y al momento en que las recibía. Fue *ahora* en los tiempos de los patriarcas, en los tiempos de los reyes y los profetas, en los tiempos de Cristo, en la Iglesia primitiva, en la época de la Reforma y en el presente siglo XXI.

Desde Adán, el cual dijo «ésta es *ahora* hueso de mis huesos»[3] refiriéndose a su compañera, hasta el profeta Samuel, quien le dijo al pueblo de Israel «*Ahora*, pues he aquí el rey que habéis elegido».[4] Jesús continuamente usaba la expresión para denotar la necesidad urgente y actual : «Desde los días de Juan el Bautista hasta *ahora*, el reino de los cielos sufre violencia, y los violentos lo arrebatan».[5] La Iglesia primitiva la usa para pedir el denuedo necesario para proclamar su mensaje: «Y *ahora*, Señor, mira sus amenazas, y concede a tus siervos que con todo denuedo hablen tu palabra».[6] Hasta Apocalipsis y el fin de los tiempos: «*Ahora* ha venido la salvación».[7] *Ahora* es para ti y para mí, en este momento y constante-mente.

*En amistad con él.* La palabra amistad ha perdido en tiempos modernos el significado que tenía en los tiempos antiguos. En su sentido original se refería a alguien con quien se tenía una relación de intimidad y confianza. Alguien que estaría dispuesto a entregarse totalmente aun con su propia vida a favor del ser amado. La amistad requería entrar en una relación de

5

intimidad de la cual se hacía una costumbre constante. La Biblia dice que «hay amigo más unido que un hermano». El verdadero significado usado alude al conocimiento profundo de otro, el cual es posible solamente cuando existe una relación en la que se ha depositado e invertido mucho tiempo. El significado bíblico del término *conocer* se refiere a una relación tan íntima, que ésta da a luz y genera una nueva vida. Se refiere a la intimidad de Adán con su compañera, para dar a luz o concebir a un hijo,[8] y a la relación entre José y María después del nacimiento de Cristo.[9]

Mimi y yo, como señalé antes, hemos vivido juntos tanto tiempo que nos conocemos profundamente. Con frecuencia una sola mirada o expresión nos revela lo que estamos pensando o lo que deseamos hacer. Myriam muchas veces me llama la atención no por lo que hice, sino por lo que estaba pensando hacer. ¿Cómo puede enterarse de mis planes? Simplemente porque los años que nos hemos conocido y convivido han producido una relación en la cual conoce lo que me gusta y lo que me disgusta, lo que me place y lo que no. Esta clase de relación solamente es posible cuando dedicamos un tiempo de calidad el uno para el otro. La única manera de desarrollar una amistad a este nivel es por medio de la dedicación y sacrificio, pero los frutos serán grandiosos y muy beneficiosos para nuestro porvenir.

Dios anhela ese tipo de relación con nosotros, Dios busca ese tipo de comunicación con nosotros, y nos dice que nos conoce tanto, que el salmista declara:

## Salmo de David

Oh Jehová, tú me has examinado y conocido.
Tú has conocido mi sentarme y mi levantarme;
has entendido desde lejos mis pensamientos.
Has escudriñado mi andar y mi reposo,
y todos mis caminos te son conocidos.
Pues aún no está la palabra en mi lengua,
y he aquí, oh Jehová, tú la sabes toda.
Detrás y delante me rodeaste,
y sobre mí pusiste tu mano.
Tal conocimiento es demasiado maravilloso para mí;
alto es, no lo puedo comprender.
Salmo 139.1-6

Si Dios ya nos conoce tan profundamente, creo que es imperativo que emprendamos su búsqueda. Y la única manera de conocerlo es a través de un tiempo de

oración y comunión constante y en una profunda
búsqueda de su voluntad para con nosotros, la que ya
nos ha declarado en su Palabra. En ella vamos a
encontrar su perfecta voluntad para nuestras vidas, allí
hallaremos lo que le gusta y lo que le disgusta. En ella
encontraremos tesoros de promesas que nos revelan los
deseos de su corazón.

## Resultados de la intimidad

Con el paso de los años, Mimi y yo hemos llegado a la
conclusión de que cuanto más tiempo le dedicamos a
nuestros seres queridos, más fuerte se vuelve la
relación que tenemos con ellos. Las demandas de
tiempo que el ministerio requiere son muy altas.
Durante unos diez años, mi itinerario con frecuencia
requirió que estuviese fuera de casa unas tres cuartas
partes del año. Consecuentemente, la dedicación que
les brindaba a mis hijas y a mis nietos era menor que en
otros tiempos. Cuando mi hija Heidy decidió regresar a
vivir a Arizona y llevarse a mis dos nietas con ella, mi
esposa y yo tomamos la decisión de también mudarnos.
Preferíamos estar cerca de nuestros seres queridos y
poder dedicarles un tiempo de calidad a perder el

contacto y vivir distanciados. Mi hija menor, Lissette, con su esposo y sus dos hijos, también está radicada en Arizona, y nuestra relación con Andrew e Isabella, nuestros nietos, era de verlos solamente una o dos veces al año. Naturalmente, ellos nos conocían poco y, como resultado, al vernos tenían una reacción de incertidumbre y temor ante nosotros. Pero con el paso del tiempo y al poder estar con ellos y brindarles afecto en forma constante, las cosas han cambiado totalmente. Ahora desean estar siempre con nosotros, y el gozo en nuestro corazón es tan grande que los sacrificios que hicimos han traído como resultado tiempos de gran bendición para todos.

Y *tendrás paz*. El consejo de Elifaz es que si seguía esos pasos, el resultado traería grandes beneficios. No hay nada en la Biblia que declare el carácter y la voluntad de Dios en una manera tan completa como la palabra *shalom*. Este término, traducido como *paz*, tiene un grandioso significado en hebreo. Según la *Biblia Plenitud*, el significado es el siguiente:

> Plenitud, totalidad, salud, bienestar, seguridad, solidez, tranquilidad, prosperidad, perfección, descanso, armonía. La ausencia de discordia o agitación. Shalom viene de la raíz verbal *shalam*,

que significa «perfecto, pleno o completo». Por lo tanto, *shalom* representa mucho más que la ausencia de guerra o conflicto, es la plenitud que toda la humanidad busca... En el Salmo 35.27, Dios se deleita en el *shalom* (el bienestar y la prosperidad) de su siervo.[10]

Esto nos da a entender que lo que le da gozo y deleite a Dios es que sus hijos disfrutemos de todo aquello que revela su carácter y su amor por nosotros.

El apóstol San Pedro nos dice que esta clase de paz se incrementará más y más, de una manera exponencial, cuanto más tiempo de intimidad dediquemos a *conocer* a Dios. Ya Él nos ha dado todas las cosas necesarias para vivir nuestra vida diaria y espiritual; preciosas y grandísimas promesas para que por ellas podamos participar y compartir de su misma naturaleza.[11]

*Y por ello te vendrá bien.* Si mantenemos esta conducta de intimidad continua, si buscamos ese tiempo de calidad para conocerlo, podremos disfrutar el fruto de tener su *shalom* y todo lo que esto implica. Aún más, como consecuencia de ello tenemos la promesa de que *en todo* podemos esperar que nos vaya bien. Quién de nosotros no disfrutaría de *seguridad y tranquilidad* si tuviésemos la plena certeza de que el éxito es seguro, de que la incertidumbre y el temor tienen que sujetarse a la perfecta voluntad de Dios para con nosotros.

---

 El principio 1 para alcanzar una vida de éxito, seguridad y tranquilidad, es volver a tener intimidad con Él.

# 2
## La urgencia del tiempo para los logros

Toma ahora la ley de su boca,
y pon sus palabras en tu corazón.
Job 22.22

 EXISTE UN DICHO COMÚN acerca del éxito y de los logros, que afirma que son el resultado de «estar en el lugar preciso, en el momento preciso». Puedo afirmar que, a través de los años, han sido numerosas las ocasiones en que he podido conocer a una persona o disfrutar de algo inesperado simplemente porque me he encontrado en el momento justo y el lugar preciso. De igual manera, me ha ocurrido lo contrario, cuando por causa de una demora o un retraso he perdido una gran oportunidad de disfrutar o participar en algún evento deseado o de una oportunidad dada.

Con frecuencia le digo a mi esposa que parecería que todo lo que ocurre en mi vida está medido por un cronómetro, un reloj de tiempo. Muchas veces, incluso los minutos son significativos para mis quehaceres diarios y mis travesías. He perdido muchos vuelos y conexiones aéreas por un simple retraso, por un accidente de tránsito que detuvo el fluir y me hizo llegar demasiado tarde al lugar de partida.

> *Dios está más interesado en el ministro que en el ministerio.*

Mi vida continuamente está trazada por el tiempo. He comentado con humor que creo que Dios cometió un error en hacer los días de solamente veinticuatro horas. Para mí se hubiera facilitado todo si las jornadas tuviesen treinta horas. Vivimos nuestras vidas bajo un cronómetro, un medidor de tiempo, y parece que éste nunca nos alcanza para poder completar nuestras labores.

El resultado de las obras para Dios, generalmente es que relegamos de importancia al Dios de las obras. El tiempo me enseñó que Dios está más interesado en el ministro que en el ministerio.

Uno de los pecados más grandes que Dios atribuyó al pueblo de Israel fue el de dejar las cosas para más tarde. El no hacer lo necesario cuando es preciso hacerlo.

*Toma ahora* es el consejo de Elifaz. La palabra tomar, aquí se refiere a *depositar*. El tomar algo como para depositarlo, es el acto de tomarlo y hacer algo. En el capítulo anterior hablamos sobre la importancia de la palabra *ahora* en la Biblia. Nos habla de una constancia permanente pero también alude al tiempo o la hora de hacerlo. Es una medida de urgencia que trae consecuencias positivas o negativas y que implica resultados conforme a nuestra prontitud o tardanza.

Cuando deseamos disfrutar de algo, nos es necesario tomar decisiones concernientes al tiempo en que queremos comenzar a disfrutarlas. Cuando las circunstancias lo demandan, es imperativo actuar rápida y adecuadamente para obtener resultados inmediatos. Cuanto más esperamos, más se demoran los frutos.

*La ley de su boca.* El consejo es recibir la instrucción de Dios según lo que Él ha declarado. La ley de su boca se refiere a todo lo que Dios ha declarado. En su Palabra, Él se revela a nosotros. Su carácter, sus deseos, su sabiduría, su voluntad, sus propósitos. Proverbios 2.6 dice: «Porque Jehová da la sabiduría, y de su boca viene el conocimiento y la inteligencia».

Cuando un ciudadano de una nación desea disfrutar de los beneficios de su ciudadanía, es necesario que cuidadosamente se entere de todos sus privilegios y beneficios. Éstos se encuentran detallados en las leyes establecidas, que son las mismas para todos. La ley de Dios es la Palabra de Dios, y en ella encontramos todos los beneficios que disfrutamos como ciudadanos del reino de Dios. Con frecuencia ocurre que nuestra ignorancia sobre ellos resulta en que nunca podemos entrar a ser partícipes de esos beneficios.

Hace algunos años leía en una revista sobre una familia pobre de inmigrantes europeos que emprendió viaje a los Estados Unidos a principios del siglo XX, en busca de una nueva vida. Durante el viaje en barco se mantuvieron en sus camarotes, sin salir. El día anterior al arribo al puerto de Nueva York, decidieron subir a los pisos principales y observaron todas las facilidades que había en el barco. La última noche de travesía fueron a cenar al restaurante, provocando las preguntas de la tripulación sobre por qué nunca antes los habían visto en el restaurante. Éstos respondieron que habían estado comiendo en sus camarotes las provisiones que habían traído consigo, debido a que no tenían dinero para pagar sus comidas. Grande fue su sorpresa al enterarse de que el precio de los boletos incluía todas las comidas durante el viaje, así como también el derecho a los programas de entretenimiento y recreación.

Estoy completamente convencido de que la razón por la cual muchas veces vivimos en necesidad, abrumados por todas las circunstancias que nos acechan, es simplemente porque no tenemos un conocimiento profundo de las promesas que Dios nos ha dado y que están disponibles a todos nosotros. Tenemos que conocer cuál es su multiforme sabiduría y aferrarnos a ella. Asidos de la palabra de vida podremos ver resultados positivos. El salmista nos habla de los consejos del Padre para sus hijos y de los resultados de retener sus razones:

Y él me enseñaba, y me decía:
Retenga tu corazón mis razones,
guarda mis mandamientos, y vivirás.
Adquiere sabiduría, adquiere inteligencia;
no te olvides ni te apartes de las razones de mi boca;
no la dejes, y ella te guardará;
ámala, y te conservará.

Proverbios 4.4-6

En un comentario sobre el libro *Precious Bible Promises* [Preciosas promesas bíblicas], la doctora Mary Ruth Swope dice que existen más de treinta y siete mil promesas de bendición para los creyentes.[1] Dios desea que disfrutemos de sus promesas, por lo cual nos es necesario reclamarlas para recibirlas, y esto solamente lo lograremos cuando las tomemos y depositemos en nuestros corazones.

 El principio 2 para disfrutar de una vida de éxito, seguridad y tranquilidad, es la urgencia del tiempo para los logros.

Razones para depositar la Palabra de Dios
en nuestros corazones

*Y pon sus palabras en tu corazón.* Debemos grabarlas en
nuestra mente y no permitir que se pierdan sin lograr
aquello para lo cual nos fueron dadas. El consejo de
Elifaz es tomar las promesas de Dios y grabarlas en lo
más profundo de nuestro ser. El término corazón, en
hebreo, no se refiere al órgano físico que sostiene la
vida humana, sino a la mente del hombre. Es la mente
donde atesoramos las promesas de Dios para sacarlas
de allí en tiempos de necesidad.

La *Biblia Plenitud*, de Grupo Nelson, contiene la
siguiente preciosa descripción en sus riquezas literarias:

> Corazón, *kardia*; raíz de una palabra que significa
> «estremecerse» o «palpitar» (compare «cardíaco» y
> «pericardio»). El órgano físico del cuerpo, el centro
> de la vida física, el asiento de la vida personal
> (física y espiritual), el centro de la personalidad, el
> asiento de toda la actividad mental y moral, que
> contiene elementos racionales y emocionales.
> Constituye el asiento de sentimientos, deseos,
> gozo, dolor y amor. También del pensamiento, del
> entendimiento y de la voluntad. El corazón
> humano es la morada del Señor y del Espíritu

Santo. Lo más íntimo del ser, donde se toman todas las decisiones concernientes a Él.[2]

Jesucristo declaró que lo que depositamos en nuestro corazón contiene tesoros, lo que hemos atesorado puede darnos buenos o malos frutos. ¿Cuáles han sido las cosas que hemos atesorado con abundancia en nuestro interior, en nuestra mente y nuestro corazón? Porque de lo que llevamos dentro de nuestro ser proceden las palabras que salen de nuestra boca.[3]

Qué maravilloso es saber que Dios ha dado miles de promesas para que por medio de ellas podamos experimentar sus planes y propósitos para nuestras vidas. Cuando nos urge una promesa para una circunstancia específica, podemos sacar del tesoro de nuestro corazón aquellas promesas.

Si me encuentro enfermo puedo reclamar innumerables promesas de sanidad; si tengo alguna necesidad económica, puedo sacar aquellas que pertenecen a la prosperidad económica; si deseo tener tranquilidad, puedo hacer lo mismo; si estoy cargado y afligido, también tengo maravillosas promesas de Dios. Su shalom cubre toda necesidad del ser humano.

Y esta es la confianza que tenemos en él, que si pedimos alguna cosa conforme a su voluntad, él nos oye. Y si sabemos que él nos oye en cualquier cosa que pidamos, sabemos que tenemos las peticiones que le hayamos hecho. 1 Juan 5.14-15

San Juan, también conocido como el discípulo amado, nos indica que basta pedir algo conforme a Su voluntad, es decir, algo que Él ya ha declarado en su Palabra, para que podamos tener la seguridad de que recibiremos las peticiones que le hacemos.

Me gusta mucho la palabra *confianza* en el idioma castellano. Es una palabra compuesta que significa *con y fianza*. Es decir, presentarme con un fiador, alguien que garantiza mi petición, que responde por lo que estoy reclamando. Se utiliza refiriéndonos a un abogado que defiende nuestra causa, a un fiador que por sus riquezas puede garantizar nuestras peticiones. Él es el que garantiza que éstas sean cumplidas porque respalda sus palabras para asegurarnos un resultado favorable a cualquier petición que llevemos delante del trono del Padre Celestial.

En el capítulo 7 explicaremos las razones primordiales por las cuales nos es de urgencia el depositar las promesas de Dios en nuestros corazones (la mente del hombre es el corazón del espíritu).

---

 El principio 3 para lograr una vida de éxito, seguridad y tranquilidad, es la urgente necesidad de atesorar en nuestro corazón la Palabra de Dios y sus promesas.

# 3

## El arrepentimiento y los resultados

Si te volvieres al Omnipotente, serás edificado;
alejarás de tu tienda la aflicción;
tendrás más oro que tierra,
y como piedras de arroyos oro de Ofir.
Job 22.23-24

 TAL VEZ NINGUNA PARTE de las Escrituras referente al arrepentimiento y al perdón sea tan conocida como la llamada Parábola del hijo pródigo. En ésta, se describe la historia de un hijo que sin razón alguna opta por pedir su herencia y luego abandona su casa para ir a malgastarla y a vivir fuera de la voluntad de su padre.[1]

Después de despilfarrar lo heredado llegaron tiempos de hambre y necesidad que hicieron recapacitar a este joven, que se arrepintió y decidió regresar a su casa y pedirle perdón al cielo y a su padre. Grande fue su sorpresa, pues su padre, lleno de compasión y misericordia por el amor que tenía, lo colmó de afecto y regalos cuando él sólo esperaba recibir, simplemente, compasión.

Creo que esta parábola debería ser conocida como «El perdón del padre», pues es el perdón, la misericordia, el amor incondicional y el favor inmerecido lo que verdaderamente desean revelar las Escrituras, y los resultados del perdón cuando es precedido por el arrepentimiento.

Hace algunos años, durante el tiempo que serví como pastor en la Iglesia Palabra de Gracia, le ocurrió algo similar a una pareja de la congregación. Su hija mayor, al cumplir los 18 años, optó por escaparse con su novio y abandonar la casa paterna, en donde tenía no solamente el afecto de sus padres, sino también todas las cosas materiales que una joven de su edad pudiese necesitar.

Al llegar los padres a su hogar, se encontraron con una nota en la que les daba a conocer las razones por las cuales se iba y pedía que no la buscaran, pues ella, más tarde, les daría a conocer dónde se hallaba. Durante varios días sus progenitores estuvieron muy preocupados por su hija, pues no sabían si había sido secuestrada o forzada a tomar esta decisión, y además ignoraban cómo se encontraba. El dolor que este hecho les causó fue enorme, pero sin embargo en ningún momento pensaron en un castigo o represalia por sus acciones. Al contrario, su deseo más grande era el poder saber dónde estaba, su estado económico, su seguridad y poder oír su voz nuevamente.

Finalmente, la joven, casada, regresó a su casa, pues necesitaba de la ayuda de sus padres, y muy arrepentida les pidió perdón y también a todos los miembros de la congregación. Naturalmente, la recibieron con los brazos abiertos y la ayudaron en todo lo necesario para que pudiera tener una vida de éxito, seguridad y tranquilidad. Su regreso fue un tiempo de celebración, de gozo y alegría. Para sus padres, el poder estar cerca de ella y expresarle el afecto era un tiempo de regocijo.

El amor del Padre Celestial por nosotros no es nada comparable con el nuestro. Nosotros somos, por naturaleza, malos, y sin embargo la mayoría estaría dispuesta a dar la propia vida por el bienestar de nuestros hijos. Cuánto más es el amor de Dios por aquellos que se han apartado de Él. Dios añora la compañía de sus hijos, Él desea tiempos de comunión.

*Si te volvieres al Omnipotente*. El consejo de Elifaz es el de buscar el rostro de Dios,[2] su ayuda, su presencia, de pedir perdón y clamar en oración. El volver al sitio donde en tiempos anteriores se disfrutaba de la comunión y los beneficios de esa relación de intimidad. Volver nuevamente a aquel lugar donde podemos esperar en Él.

> Bueno es Jehová a los que en él esperan,
> al alma que le busca.
> Lamentaciones 3.25

La palabra *esperar*, aquí usada, expresa un corazón de expectativa, un corazón que aguarda lleno de esperanza, que clama por el favor y la ayuda de aquel que todo lo puede. Dios es benevolente, y desea comunicarnos su cuidado y su amor por nosotros.

El consejo nos habla de la necesidad de arrepentirnos por todo aquello que nos ha separado de nuestra comunión con el Padre y *volver*, lo cual requiere una acción de nuestra parte. Dios nos ha prometido que Él

nunca nos dejará ni nos desamparará.[3] Somos nosotros
los que nos alejamos y separamos de Él, por lo cual
somos nosotros los que tenemos que volver a Él.

Qué interesante es la descripción del Padre aquí usada, la del
*Omnipotente*. Tal vez ninguna otra
palabra encierra la capacidad o
habilidad, el poder supremo de
Dios, como este término. *Omni*,
que significa lo máximo, y *potente*,

*Dios desea comunicarnos su cuidado y su amor por nosotros.*

que se refiere a su capacidad, a su poder. Solamente
encontramos esta palabra una vez en el Nuevo
Testamento, pero su significado en hebreo es
*Todopoderoso*, y es la palabra *El Shaddai*.

El uso de este vocablo es altamente significativo
porque se refiere a esa parte del carácter de Dios que
nos va a poder ayudar no importa cuán difícil parezcan
los obstáculos. No hay *nada* imposible para *El Shaddai*.
El libro de Job usa este nombre treinta veces para
afirmar el carácter y la naturaleza de Dios.

*Serás edificado* denota el acto de construir, se usa
metafóricamente en el sentido de promover el crecimiento espiritual y desarrollar el carácter. Nos habla de
la restauración de todo lo perdido y de prosperar o

concluir la obra comenzada. Para Job era una palabra de consuelo en vista de lo perdido y la esperanza de un mejor porvenir.

*Y alejarás de tu tienda la aflicción* es una frase de consuelo que tiene un doble significado. En principio es un llamado a quitar o echar afuera todo aquello que afecta la condición espiritual de nuestra vida, quitar de nuestros medios todo lo que es parte de una contaminación de nuestros valores en nuestro hogar, nuestro lugar de empleo, nuestro negocio, nuestra congregación y aún nuestra ciudad y nación. Asimismo, es una promesa de lo que ocurre como consecuencia del arrepentimiento y de la intimidad con Dios. Alude al resultado que ocasiona el volvernos al Padre amoroso.

En los tiempos de Job y los patriarcas, los moradores del desierto habitaban en toldos o tiendas, y muchos vivían como nómadas o seminómadas. El salmista declara que la tienda de los rectos florecerá[4] y que las tiendas de Jacob y las habitaciones de Israel eran hermosas.[5] Job dice que en sus tiempos de juventud, el favor de Dios velaba sobre su tienda.

También el tabernáculo de reunión era llamado tienda,[6] y los lugares donde mercadeaban eran tiendas. Así pues, el llamado es para quitar de nuestros hogares, negocios o tabernáculos toda contaminación, toda injusticia y todo pecado; así como también la promesa de que la enfermedad, el dolor y todo aquello que roba el *shalom* de Dios de nuestro hogar será removido como resultado de nuestra obediencia y comunión con Dios.

*Tendrás más oro que tierra y como piedras de arroyos oro de Ofir*: Que maravillosa promesa (¡tendrás!), la de heredar tesoros más cuantiosos que la misma tierra. El oro y la plata siempre han sido un medio de indicar niveles de prosperidad económica.

Dentro de los pueblos del Medio Oriente, como en los latinoamericanos, el oro es una de las cosas que más se valoran como regalo entre seres queridos. El oro siempre fue indicativo de riquezas y realeza. Ofir era una región del este donde se encontraban grandes yacimientos y producción de oro de alta calidad. La promesa es que, así como las piedras de un arroyo son incalculables y cuantiosas, de igual manera el Señor nos ama tanto que desea colmarnos de sus tesoros, regalarnos lo mejor de su creación.

El principio 4 para una vida de éxito, seguridad y tranquilidad, es la urgente necesidad del arrepentimiento.

# 4

## El requisito de la fe

El Todopoderoso será tu defensa,
y tendrás plata en abundancia.
Porque entonces te deleitarás en el Omnipotente,
y alzarás a Dios tu rostro.
Job 22.25-26

LA FE DEBE TENER UN lugar donde descansar. Cuando un sufrimiento profundo amenaza los fundamentos de la fe, como fue el caso de Job, un asalto a nuestras creencias puede destruirnos, a menos que tengamos estas verdades bien arraigadas. En tiempos de tragedia enfrentamos la tentación de convertir a Dios en nuestro adversario y no en nuestro abogado. Si tomamos a Job como modelo, podemos declararnos inocentes y cuestionar la justicia de Dios, o podemos inclinarnos humildemente y esperar que Él se revele a sí mismo y a sus propósitos para nosotros. La batalla de la fe es algo personal. Cada uno pasa por el crisol de la vida solo; debemos enfrentar los retos a nuestra fe en Dios resistiendo a fuerzas incontrolables y obtener nuestros propios triunfos. Llegará el momento en que nuestros familiares y amigos nos abandonarán y deberemos permanecer en pie solos.[1]

Según la *Biblia Plenitud*, la palabra *fe* significa:

Convicción, confianza, creencia, dependencia, integridad y persuasión. En el marco del Nuevo Testamento, *pistis* es el principio divinamente implantado de confianza interior, seguridad y dependencia en Dios y en todo lo que Él dice.[2]

De los propios labios de Jesús recibimos la más directa y práctica instrucción concerniente al ejercicio de nuestra fe. Consideremos estos tres puntos: 1) La fe debe depositarse «en Dios». La fe que se expresa está antes que la fe que se busca. El Todopoderoso es la fuente y la base de nuestra fe y de nuestro ser. La fe fluye solamente *hacia* Él, debido a que la fidelidad fluye directamente *de* Él. 2) La fe no es una treta que hacemos con los labios, sino una expresión que brota de la convicción de nuestros corazones. La idea de que la confesión de fe es una «fórmula» para conseguir cosas de Dios no tiene base bíblica. Lo que aquí Jesús nos enseña es que la fe que hay en nuestros corazones ha de expresarse, lo cual la convierte en algo activo y eficaz, que produce resultados concretos. 3) Las palabras de Jesús, «todo lo que pidiereis», extienden este principio a todos los aspectos de nuestra vida. Las únicas restricciones son: (a) que nuestra fe esté puesta «en Dios», nuestro Padre viviente, y en concordancia con su voluntad y palabra; y (b) que nosotros «creamos» en nuestros corazones, y no dudemos. Así, nuestras declaraciones de fe no son un ejercicio vano o supersticioso, sino más bien una forma de invocar las promesas de la palabra creadora de Dios.

Hace algunos años leí un artículo en un periódico de Phoenix, Arizona, en los Estados Unidos, sobre un veterano de guerra que conquistó los corazones de los residentes de Nueva York. El titular decía «Ganador del último puesto. Veterano de guerra conquista el maratón de Nueva York en cuatro días». Bob Wieland, de Pasedena, California, había cruzado la meta en el último lugar, 4 días, 2 horas y 17 minutos después de la partida. Su hazaña fue dramática, puesto que Wieland no tiene piernas. Lo hizo arrastrándose por los suelos, con sus manos forradas con guantes de cuero, a los cuales llamaba sus *zapatos de correr*. Al entrevistarlo los periodistas locales, comentó: «Sabía que lo haría, acabo de completar un recorrido de cuatro mil cuatrocientos cincuenta y cuatro kilómetros cruzando todo el país desde Los Ángeles hasta Nueva York. Soy un cristiano nacido de nuevo y ésta fue una demostración de que la fe en el Señor Jesucristo siempre me ayudará a vencer lo imposible».[3] Hace poco tiempo tuve el privilegio de hablar personalmente con él. Nuestra conversación tuvo que ver con otros grandiosos logros, entre ellos el récord de levantamiento de pesas en su categoría, el cual fue logrado por esa fuerza interna de seguridad, confianza y dependencia en Dios que lo consume.

*El Todopoderoso será tu defensa*. La fe en *El Shaddai* nos ayuda a depositar nuestra confianza en el que se pone en la brecha para defender nuestra causa. La palabra alude al rol de un abogado que nos representa, así como también a un guardaespaldas que nos acompaña a todo lugar para protegernos del mal. Esta declaración nos llena de seguridad y tranquilidad debido a la protección que nos ofrece.

El apóstol San Juan declara que cuando fallamos y pecamos tenemos abogado en el Padre. Esto nos revela que aún en medio de nuestras debilidades y flaquezas, podemos confiar en que Jesucristo mismo defienda nuestra causa, y lo único que requiere es que seamos sinceros y cambiemos el curso de nuestros caminos.[4]

*La fe acompañada de acción le permitirá experimentar grandes logros en su vida.*

El libro a los Hebreos nos relata la historia de hombres y mujeres que vivieron por fe, y a través de los cuales Dios pudo hacer cosas grandiosas. El autor nos dice:

> Pero sin fe es imposible agradar a Dios; porque es necesario que el que se acerca a Dios crea que le hay, y que es galardonador de los que le buscan. Hebreos 11.6

La fe acompañada de *acción* le permitirá experimentar grandes logros en su vida. Su fe lo ayudará a vencer los obstáculos y le abrirá las puertas para entrar a niveles más altos en toda área de su vida.

Permítame aclarar lo que es la verdadera fe. Fe no es confesar y declarar las promesas de Dios con el fin de manipularlo para que responda a nuestras peticiones. La mejor definición que he escuchado sobre el significado de la fe es ésta: *La fe es nuestra respuesta positiva a la gracia de Dios.*[5] La fe no puede *producir* algo que Dios no haya provisto anteriormente. Lo que la fe hace es *recibir* lo que Dios nos ha dado; si entiende esto, va a quitar todo misterio acerca de la fe.

La Biblia nos indica que Dios ya nos ha dado por su gracia *todas las cosas que pertenecen a la vida y a la piedad* y cómo debemos añadir ciertas virtudes a nuestra fe, incluyendo el amor.[6]

Dios quiere que disfrutemos de una vida de éxito, prosperidad y tranquilidad. El Señor desea que vivamos en su *shalom*, es decir, en salud, bienestar, prosperidad, tranquilidad, armonía. ¿Quiere ser sanado? Comience a depositar su fe en sus promesas de sanidad, ¿Quiere sanar su matrimonio? Debe hacer lo mismo, ¿Quiere que su negocio o empleo sean prósperos? ¡Atrévase a creerlo!

Hace algunos años me encontraba ministrando en Nairobi, Kenia, y Mimi estaba en Colorado Springs, donde en aquel tiempo estábamos radicados. Mi

esposa comenzó a sentirse muy enferma y fue empeorando diariamente. No podía dormir y se sentía muy
débil y con dolores en el corazón. Una noche llamó de
urgencia al hospital, para preguntar qué debía hacer. La
respuesta fue que le ofrecían enviarle una ambulancia,
pero ella rehusó, ya que no quería ir al hospital si yo no
estaba a su lado. Mimi dice que aquella noche oró al
Señor y le dijo que si era tiempo de irse con Él,
aceptaba su llamado, pero que deseaba fervientemente
estar presente en el matrimonio de nuestra hija menor.

Aquella noche se durmió, esperando no despertar al
día siguiente. El Señor, dice ella, le mostró que su
estado se debía a un ataque recibido como retribución
por el ministerio que yo estaba haciendo con los
pastores de África oriental. Unos días después, al
regresar, encontré que mi esposa casi no podía caminar
o hablar de lo débil que se encontraba. De inmediato la
llevé al hospital, y allí le dieron un diagnóstico incorrecto. A los tres días comenzó a delirar y volví a llevarla
de urgencia. Luego de los estudios correspondientes,
los doctores salieron muy preocupados para infor-
marme que Mimi tenía una falla congestiva en el
corazón llamada insuficiencia cardíaca. Este órgano
vital se había agrandado siete veces y sus pulmones

estaban llenos de agua, razón por la cual no podía dormir y sentía que se ahogaba.

El diagnóstico del cardiólogo fue rotundo: «Dios tiene algo para usted. No sé por qué está viva, pero es un milagro». Durante esos días nuestros amigos vinieron a orar por ella, y una de sus amigas le dijo que el Señor le mostraba que le daría un nuevo corazón. Mi esposa recibió esa palabra de promesa y se aferró a ella. Diariamente meditaba, confesaba las Escrituras de sanidad que estudiaba y declaraba que por la *fe* en las promesas de lo que Dios ya había prometido, perseveraría hasta verlo hecho realidad.

Pasaron cerca de cuatro años y sus visitas médicas siempre mostraban una pequeña mejoría pero muy poca esperanza de una recuperación total. Sin embargo, durante todo este período, Mimi no perdió las esperanzas y permaneció en la fe, creyendo y confesando la promesa de Dios.

Tiempo después, durante una visita a Almolonga, Guatemala, el pastor Mariano Rascajche y su esposa oraron por ella. Al terminar su oración, el pastor Mariano le dijo a mi esposa que el Señor estaba terminando la obra de poner un nuevo corazón en su cuerpo. Dos meses después, los exámenes de su cardiólogo en

Mesa, Arizona, que incluyeron ultrasonido y todos los adelantos médicos existentes, indicaban un cambio radical en su corazón. Era como leer dos diagnósticos: uno *antes* y otro *después*. De inmediato envié los resultados a un cardiólogo amigo en Neuquén, República de Argentina. Éste los estudió cuidadosamente y los revisó con sus compañeros del cuerpo docente. Su conclusión fue que esos exámenes no podían ser de la misma persona y que, médicamente, no tenían explicación posible sobre lo ocurrido.

Myriam disfruta hoy día de una salud total y tiene el vigor y la resistencia de una joven de veinticinco años. No tenemos la menor duda de que lo imposible se hizo realidad porque mi esposa retuvo la esperanza y mantuvo su *fe* en medio de todos los informes contrarios a su promesa.

La Biblia nos aconseja a permanecer en tres cosas, principalmente: la fe, la esperanza y el amor.[7] Las tres son necesarias. Tenemos que tener la esperanza de que Dios desea lo mejor para nosotros, tenemos que tener la fe para obrar a favor de estas promesas, y tenemos que vivir en el amor incondicional de Él, pues la fe obra por medio del amor.[8] Es importante entender que aunque obremos en fe y nuestras acciones sean buenas y correctas, si no están motivadas por el amor de Dios no van a realizarse.

Si nos mantenemos firmes, Dios tomará todas sus desilusiones, sueños rotos, el dolor y el sufrimiento y lo recompensará con paz, alegría y éxito. La Biblia dice: «Poseerán doble honra y tendrán perpetuo gozo».[9] Si deposita su confianza en Dios, Él lo recompensará con una doble porción.[10]

Fue esto precisamente lo que le ocurrió a Job.

Y quitó Jehová la aflicción de Job, cuando él hubo orado por sus amigos; y aumentó al doble todas las cosas que habían sido de Job. Job 42.10

*Y tendrás plata en abundancia.* Aquí hallamos una promesa de abundante provisión económica. La palabra plata se refiere a un medio de intercambio, recursos o dinero.

En el Medio Oriente, así como también en algunos países de Latinoamérica, todavía se usa el término *plata* para referirse al dinero. El libro a los Efesios nos declara que esa *abundancia* es parte de lo que Dios desea hacer por nosotros. El requisito para este logro es el poder de la fe en acción.

Y a Aquel que es poderoso para hacer todas las cosas mucho más abundantemente de lo que pedimos o entendemos, según el poder que actúa en nosotros. Efesios 3.20

Con frecuencia, cuando nuestros nietos nos piden algo, tanto mi esposa como yo queremos darles mucho más de lo que nos solicitan. Durante las navidades reciben muchísimos regalos de nuestra parte. Generalmente son sorprendidos con tantas cosas que las sonrisas y el deleite que expresan al abrir los regalos son más que recompensa por los gastos. Nuestra nietecita Isabella corre a abrazarnos y a besarnos con gestos de agradecimiento y deleite. Puedo, como padre y abuelo, sentir gran gozo dentro de mí por sus reacciones a nuestra generosidad.

Muchas veces, cuando Dios nos honra con sus bendiciones, nos llenamos de deleite al saborear sus regalos, y puedo ver su rostro de regocijo ante nuestra actitud de gratitud. Me siento en los brazos de un padre amoroso.

*Entonces te deleitarás en el Omnipotente y alzarás a Dios tu rostro.* Esta promesa describe la condición de una persona en los brazos protectores del Omnipotente, contemplando su rostro con gran regocijo.

Es algo similar a una esposa en los brazos de su cónyuge recibiendo protección y cariño, y mirando con un amor profundo al rostro de su amado.

―――――――

 El principio 5 para tener una vida de éxito, seguridad y tranquilidad, es el requisito de vivir por fe, perseverando en esperanza.

# 5

## La oración, camino de la comunión

Orarás a él, y él te oirá.
Job 22.27a

 LA FE ES ESENCIAL PARA la oración, porque establece el fundamento para presentar nuestras peticiones, nuestras inquietudes, nuestros deseos, nuestros ruegos y súplicas delante del trono de Dios. La oración es la manera en la que expresamos nuestra dependencia total en su fidelidad.

«Cristo le dejó al diablo solamente lo que el poder de la incredulidad le permite», Henry Schlier.

La oración es entonces una acción que revela nuestra dependencia total en aquel en quien podemos depender para presentar lo más profundo de nuestro corazón.

> ¿A quién tengo yo en los cielos sino a ti?
> Y fuera de ti nada deseo en la tierra.
> Mi carne y mi corazón desfallecen;
> mas la roca de mi corazón
> y mi porción es Dios para siempre.
> Salmo 73.25-26

La Biblia nos dice que hay muchos tipos de oración.[1] Podemos hablar acerca de la oración intercesora como un arma de Dios para combatir y confrontar los poderes espirituales[2] (para aprender acerca de este tipo de oración, pueden adquirir nuestros libros *Derribemos fortalezas, Desenmascaremos las tinieblas de este siglo* y *Comunidades transformadas por oración*, de Caribe-Betania), o como una declaración de gratitud por las bendiciones de nuestro Padre Celestial,[3] como arrepentimiento por nuestros pecados,[4] o por pecados generacionales;[5] igualmente importante es la oración de alabanza y adoración;[6] en todas ellas encontramos un vehículo de comunicación para con nuestro Padre, con la confianza de que Él prestará su oído para escucharnos.

El contexto de esta porción bíblica se refiere a un susurro, a una expresión de amor y gratitud debido a la protección y provisión del Todopoderoso. Una expresión de comunicación que nace de una relación de linaje, de familia, de derecho. De un ser amado por aquel que lo ama.

Con frecuencia, mis hijas me llaman por teléfono para pedirme un consejo o para expresarme sus necesidades, sus frustraciones y todo aquello que consume sus pensamientos

*Cristo le dejó al diablo solamente lo que el poder de la incredulidad le permite.*

y sus emociones. En algunos casos necesitan una respuesta inmediata; en otras, simplemente una palabra de ánimo; y en otras más, un oído que las escuche y así poder despojarse de la carga que las aflige. No cabe duda de que la razón por la cual me llaman es que saben sin rodeos de palabras que tanto mi esposa como yo estamos a su alcance y pendientes de ellas, a su disposición, tan cercanos como una llamada telefónica, aun cuando nos encontremos fuera del país. En conclusión, saben que pueden confiar en nosotros.

Mi esposa y yo llevamos más de treinta y cinco años de casados, y todavía no hemos perfeccionado el arte de la comunicación entre nosotros. Para ella la expresión más frecuente en nuestro diario convivir es «llevamos *tantos* años de casados y aún no me entiendes». Indudablemente, la falta de una comunicación correcta y constante en cualquier relación resultará en malos entendidos, ofensas, heridas y dolor. Cuando esto ocurre, casi sin excepción el fruto de ello resulta en un rompimiento de amistad, en un divorcio, en una separación e, indudablemente, en dar lugar a raíces de amargura.

> *La falta de una comunicación correcta y constante en cualquier relación, resultará en malos entendidos, ofensas, heridas y dolor.*

*Orarás a él y él te oirá*. El rey David posteriormente tomó prestado de esta parte del consejo de Elifaz para declarar: «Jehová oirá cuando yo a Él clamare».[7] Asimismo, el profeta Jeremías declaró la misma palabra de boca de Jehová: «Orarás a mí y yo os oiré»[8] nos muestra una condición de relación

46

íntima en la cual nos encontramos tan cerca de Dios que nuestra oración es como un susurro en su oído, a la que *El Shaddai* presta inmediata atención. Como la de un amante por su amada. Este tipo de oración no es un esfuerzo humano para buscar el favor de Dios, sino que surge de una relación de intimidad en la cual estamos tan cerca del Señor que podemos saber cuál es su voluntad. San Juan nos dice que si pedimos desde un punto de vista claro el cual conoce su voluntad, Él nos oye; y si sabemos, si tenemos esta seguridad, entonces tendremos las peticiones que llevemos a su oído.[9]

En este tipo de conversación, podemos llevarle a Él todo lo que nuestro corazón necesita. François de Salignac de La Mothe, más conocido por Fénelon, contemporáneo de madame Guyon du Chesnoy, del siglo XVII, y probablemente uno de los autores más leídos y controvertidos de esa época, escribió:

Cuéntale a Dios y tu Padre todo lo que está en tu corazón, tus placeres y tus dolores, como a un amigo amado. Dile de tus problemas para que Él te consuele; dile de tus gozos, para que Él les dé moderación; cuéntale tus anhelos para que Él los purifique; cuéntale tus disgustos para que Él te ayude a vencerlos; confiésale tus tentaciones, para que te guarde de ellas; muéstrale tus heridas, para que Él te sane de ellas. Si derramas sobre Él todas tus debilidades, necesidades e inquietudes, no habrá necesidad de palabras para conversar. Bienaventurados son aquellos que obtienen tan familiar e indiscreta comunión con Dios.[10]

Nuestra vida de oración debe nacer y crecer basada en un deseo ferviente de tener tiempos de comunicación, en los cuales podamos conversar con Dios como nuestro Padre y, más aún, como nuestro confidente y amigo, en quien podemos confiar y de quien podemos esperar. Cada día debemos dedicar un tiempo de calidad para ejercitarnos en la piedad,[11] para profundizar nuestra relación de intimidad con el Señor, para permitir que el Espíritu Santo nos revele el amor y el corazón del Padre y del Hijo, y para de esta manera perfeccionar nuestro carácter, para que podamos seguir el consejo de Pablo a los creyentes:

«Para que andéis como es digno del Señor, agradándole en todo, llevando fruto en toda buena obra, y creciendo en el conocimiento de Dios».[12]

Somos llamados a *perseverar* en la oración. La palabra perseverar nos llama a una condición de constancia, de continuidad. Indica una lealtad persistente de continuar en algo.[13]

En cierta ocasión escuché a alguien decir algo que me causó gran impacto: «Mucha oración, mucho poder; poca oración, poco poder; cero oración, cero poder». Para expresarlo más claramente, nos habla de una dependencia total en Él. Nuestra oración determina el nivel de nuestra dependencia en Dios.

El profeta Isaías dice que ni ojos han visto, ni oídos han percibido a alguien como Dios que se deleita en hacer cosas maravillosas por aquellos que en Él esperan.[14]

En su libro *La oración de Jabes*, Bruce Wilkinson declara: «El buscar la mano (favor, presencia y poder) de Dios es nuestra decisión estratégica para continuar y sostener las grandes cosas que el Señor ha comenzado en nuestras vidas. No te engrandeces sino que te haces dependiente en la poderosa mano de Dios. Las necesidades que le rindes se convierten en las oportunidades ilimitadas. Él entonces se engrandece en ti».[15]

Este tipo de oración es entonces el tiempo de intimidad, de calidad que le dedicamos a nuestro amado. El tiempo en que le susurramos nuestros deseos y necesidades con la esperanza de que preste oído y podamos esperar en Él.

En palabras de François Fénelon: «Feliz es el hombre que se rinde a Dios, felices son aquellos que se lanzan con un rostro cabizbajo y ojos cerrados al Padre de misericordias, al Dios de toda consolación».[16]

*El llevarle nuestras peticiones es una señal de nuestra dependencia total en su gracia y su favor.*

El llevarle nuestras peticiones es una señal de nuestra dependencia total en su gracia y su favor.

En Salmos encontramos numerosas referencias a un clamor de dependencia: «Límpiame, fortaléceme, ayúdame, renuévame». Jesús instruyó a sus discípulos a buscar el rostro de Dios en sus necesidades: «Por tanto, os digo que todo lo que pidiereis orando, creed que lo recibiréis y os vendrá».[17]

En el marco del Nuevo Testamento, *creer* (del griego, *pistis*) es el principio divinamente implantado de confianza interior, seguridad y dependencia en Dios y en todo lo que Él ha prometido.[18]

---

El principio 6 para poder disfrutar de una vida de éxito, seguridad y tranquilidad, es que tenemos que instituir un tiempo de comunión con Dios diariamente. Reconocer, establecer y mantener tiempos de oración.

# 6

## La fidelidad a
## nuestros compromisos

Y tú pagarás tus votos
Job 22.27b

 UNO DE LOS REQUISITOS esenciales para alcanzar una vida de éxito, seguridad y tranquilidad, es el de cumplir nuestras obligaciones para con Dios y para con el prójimo. Esta intimidad con Dios necesita de nosotros un cumplimiento de votos y promesas basadas en una deuda de relación, a su vez fundada en un pacto delante del Señor. Nuestro amado espera la reciprocidad de una persona fiel y comprometida. La fidelidad a las promesas de un pacto.

Para Dios es muy importante el cumplimiento de nuestros compromisos. Hacer un voto, es realizar una solemne declaración en la que nos comprometemos a hacer algo que requiere de nosotros un compromiso irrevocable. Su Palabra es su voto, y también debe ser la nuestra. En tiempos pasados, los contratos y obligaciones se hacían en base a palabras. El hecho de dar la palabra era el equivalente a hacer un pacto sagrado. Conocemos a Dios como un Dios de pactos, que nos dice que todas sus promesas, dones y llamamientos son irrevocables.[1] Ninguna de sus promesas ha faltado.[2]

Recientemente, Marcos Witt, un reconocido salmista cristiano, lanzó al mercado un maravilloso salmo que claramente describe el compromiso y el carácter de Dios, titulado «Dios de Pactos».

*Dios de Pactos, que guardas tus promesas,*
*que cumples tu Palabra, que guías mi destino,*
*Dios de Pactos, confío en tus promesas, descanso en tu*
 *palabra.*
*Por tu gracia estoy aquí.*
*En la intimidad y al abrigo de tu gloria quiero estar...*[3]

Qué maravillosa descripción de la naturaleza del Creador, de su gracia y de su favor como frutos de vivir en comunión, de tener intimidad con Él.

Es lamentable, pero hoy día, y comúnmente dentro del pueblo latino, se ha perdido el respeto y la integridad a las promesas, votos, juramentos o compromisos que hacemos tanto a Dios como al prójimo. La Biblia dice que si alguno hace un voto a Dios o un juramento o compromiso, en el cual se obliga por sus palabras, estos votos no pueden quebrantarse, sino que es una obligación delante del Señor el hacer todo lo que hayamos prometido por medio de nuestras palabras.[4]

«Así ha hablado Jehová de los ejércitos, Dios de Israel, diciendo: Vosotros y vuestras mujeres hablasteis con vuestras bocas, y con vuestras manos lo ejecutasteis, diciendo: Cumpliremos efectivamente nuestros votos que hicimos».[5]

Una de las razones por las cuales el pueblo hebreo recibió juicio sobre toda la nación fue por quebrantar sus compromisos. Esto, en sí, trae una contaminación espiritual sobre la Tierra.[6] El diccionario de Webster define la palabra *vow* (inglés) que significa *voto* como una promesa de fidelidad o constancia, como un voto matrimonial, el atarse a sí mismo a través de un voto o promesa de dar, hacer.[7] *Aristos* lo define como una promesa o un juramento.[8]

En círculos religiosos hemos oído de votos de castidad, de pobreza, de celibato, de obediencia, etc. Aunque éstos no tengan un fundamento bíblico, las palabras que declaramos nos obligan a cumplirlos. Esto es muy importante porque nos da a entender el significado de «atar» y «desatar». Jesús dijo: «Todo lo que atares en la tierra, atado será en el cielo; y todo lo que desatares en la tierra, desatado será en el cielo», y a esto se refirió como el resultado de usar las llaves del reino de los cielos.

Con frecuencia nos comprometemos por medio de nuestras palabras, y después nos vemos verdaderamente atados por esos compromisos hechos. La integridad del carácter se define por la fidelidad a pagar y cumplir con nuestros votos. Con mucha frecuencia no cumplimos aquello que hemos prometido, y esto abre puertas para consecuencias adversas en nuestras vidas que nos impiden alcanzar éxito, paz y prosperidad.

Los votos matrimoniales, hoy día, son simplemente palabras repetidas que no tienen un sentido de compromiso, sino que son dichas como parte de un rito y no como un pacto sagrado delante de Dios. El índice de divorcio es tan alto entre aquellos que se consideran cristianos como entre los que no lo son. Todo esto indica que aun dentro de la Iglesia, se desconocen o se ignoran las severas consecuencias de no pagar o cumplir nuestros votos.

El índice de deuda y de las personas que se declaran en bancarrota crece exponencialmente debido a que nos hemos acostumbrado a vivir una vida por encima de nuestros recursos, y como consecuencia, tarde o temprano tenemos que enfrentarnos con la dura realidad de la inhabilidad para cumplir los compromisos.

En el libro de Eclesiastés, escrito por el sabio rey Salomón, hallamos una sorprendente declaración que es igualmente aplicable, dentro de su contexto espiritual, tanto delante de Dios como del hombre:

Cuando fueres a la casa de Dios, guarda tu pie; y acércate más para oír que para ofrecer el sacrificio de los necios; porque no saben que hacen mal. No te des prisa con tu boca, ni tu corazón se apresure a proferir palabra delante de Dios; porque Dios está en el cielo, y tú sobre la tierra; por tanto, sean pocas tus palabras. Porque de la mucha ocupación viene el sueño, y de la multitud de las palabras la voz del necio. Cuando a Dios haces promesa, no tardes en cumplirla; porque él no se complace en los insensatos. Cumple lo que prometes. Mejor es que no prometas, y no que prometas y no cumplas. No dejes que tu boca te haga pecar, ni digas delante del ángel, que fue ignorancia. ¿Por qué harás que Dios se enoje a causa de tu voz, y que destruya la obra de tus manos? Eclesiastés 5.1-6

Si examinamos cuidadosamente lo que dice, nos advierte que si vamos a presentarnos delante del trono de Dios, debemos cuidarnos de no cometer el error de hacer demasiados compromisos o promesas o votos que más tarde no podremos cumplir. En mi país usamos una expresión para cuando cometemos un error grave diciendo *metí la pata o no meta la pata*. Generalmente esta expresión se usa cuando hacemos algo que no deberíamos haber hecho, como por ejemplo una jovencita que tiene relaciones sexuales antes del matrimonio. El término «pata» significa el pie o la base sobre la cual se apoya o sostiene una cosa. La expresión *guarda tu pie* es relativamente parecida, es decir: no des prisa con tu boca, *sean pocas tus palabras* y *no prometas lo que no puedes cumplir.* Si le prometemos algo a Dios, no debemos tardar en cumplir lo prometido *porque él no se complace en los insensatos* o tontos; y luego nos indica que el hacer promesas que no podemos cumplir es pecado delante de Dios. *No dejes que tu boca te haga pecar.* Con frecuencia clamamos ignorancia, pero las Escrituras nos exhortan diciendo que no podemos decir que fue por ignorancia. *No digas delante del ángel, que fue ignorancia.*

Las Escrituras terminan diciendo *Mejor es que no prometas, y no que prometas y no cumplas.*

Durante mis años de ministerio como voluntario, líder, pastor y ministro, me he encontrado constantemente delante de una y otra situación en la que personas de las cuales se esperaba una integridad incuestionable, no cumplían sus compromisos o palabra, sin comprender las consecuencias de su variación ni las repercusiones que éstas traen de Dios.

Probablemente, la razón principal por la cual carecemos de éxito en lo que emprendemos, es debido al hecho de que, o nosotros no cumplimos u otros no cumplen con sus promesas y compromisos. Esto conduce a un estado de desorden y merma lentamente la confiabilidad que existe entre las personas, destruyendo efectivamente las relaciones entre unos y otros.

*Existen diferentes tipos de votos delante de Dios.*

*Votos de alabanza:* «Sacrifica a Dios alabanza, y paga tus votos al Altísimo; e invócame en el día de la angustia; te libraré, y tú me honrarás». Salmo 50.14-15

Asimismo, el salmista declara que cantando pagará sus votos diariamente.[9]

*Votos de oración:* «Orarás a Él y Él te oirá y tú pagarás tus votos». Job 22.27

*Votos de ofrenda:* «Entraré en tu casa con holocaustos; te pagaré mis votos». Salmo 66.13

*Votos de sacrificio:* «Y ofrecieron sacrificio a Jehová e hicieron votos». Jonás 1.16

*Uno de los requisitos de Dios al pueblo hebreo era la urgencia de la fidelidad en el área de sus diezmos y ofrendas.*

Indudablemente, estos diferentes tipos de votos se refieren a promesas declaradas con palabras de compromiso que nos atan y obligan delante de Dios y que igualmente nos dan acceso a nuestra heredad. El salmista afirma que Dios escucha nuestros votos y promete heredad a los que temen su nombre.[10]

Por último, quiero aludir al hecho de pagar votos en el área de las finanzas. Uno de los requisitos de Dios al pueblo hebreo era la urgencia de la fidelidad en el área de sus diezmos y ofrendas.

> Y allí llevaréis vuestros holocaustos, vuestros sacrificios, vuestros diezmos, y la ofrenda elevada de vuestras manos, vuestros votos, vuestras ofrendas voluntarias, y las primicias de vuestras vacas y de vuestras ovejas; y comeréis allí delante de Jehová vuestro Dios. Deuteronomio 12.6-7

En mi libro *Venga tu Reino*,[11] hago referencia a aquellos que defraudan en salarios y ofrendas a sus empleados o a sus invitados. Tan mal ve Dios esto, que lo compara con *hechiceros* y *adúlteros*. El profeta Malaquías declara como palabra directamente de la boca de Dios lo siguiente:

> Y vendré a vosotros para juicio; y seré pronto testigo contra los hechiceros y adúlteros, contra los que juran mentira, y los que defraudan en su salario al jornalero, a la viuda y al huérfano, y los que hacen

injusticia al extranjero, no teniendo temor de mí,
dice Jehová de los ejércitos. Malaquías 3.5

El mismo profeta declara que Dios los llama *ladrones.*
Específicamente alude a los que le han robado al
Señor, como a quienes no han dado a Dios sus diezmos
y no han ofrendado justamente a aquellos que Dios les
ha enviado, cuyo trabajo es el de predicar y enseñar, y
que el apóstol San Pablo llama *obreros del reino de Dios.*[12]

Cualquier persona que defrauda a un empleado o a
un obrero con el cual ha hecho un compromiso de pago,
es igualmente responsable y culpable delante de Dios.

En los Estados Unidos de América, millones de
jornaleros extranjeros que trabajan en diferentes indus-
trias para su sustento, son frecuentemente defraudados
por sus empleadores. Y muchos de ellos son tratados
injustamente por la justicia y autoridades. Tarde o
temprano, esto ha de traer repercusiones, porque Dios
toma nota de ello y traerá justicia.

La Biblia contiene miles de promesas de Dios para
con aquellos con los cuales ha entrado en pacto, y
afirma que considera su Palabra irrevocable y la ha
engrandecido por sobre *todas* las cosas.[13]

---

El principio 7 para tener una vida de éxito, seguridad y tranquilidad, es el requisito de cumplir nuestras obligaciones para con Dios y el prójimo.

# 7

## El poder creativo
## de las palabras

Determinarás asimismo una cosa
y te será firme.
Job 22.28a

 UNA DE LAS PROMESAS MÁS importantes y grandiosas de la Biblia es ésta que aquí encontramos. Otra versión de esta promesa se traduciría así: «Y todo lo que declares te será establecido»,[1] y otra más: «Todo lo que emprendas te saldrá bien».[2] *Hay un poder creativo en nuestras palabras.*

La Biblia indica que Dios creó al hombre a su imagen y semejanza.[3] No creo que la Biblia se refiera a nuestra apariencia física sino a nuestra naturaleza espiritual y todo lo que Dios nos ha provisto para establecer nuestro porvenir. El poder creativo del Todopoderoso está en nuestros labios y en nuestro corazón. El primer requisito para entrar al reino de Dios, el nuevo nacimiento, comienza con una declaración de nuestra boca respaldada por una semilla de fe en nuestro corazón.

El apóstol Pablo toma del libro de Deuteronomio[4] para establecer el fundamento del poder creativo de las palabras habladas en fe: «Pero la justicia que es por la fe dice así: Cerca de ti está la palabra, en tu boca y en tu corazón. Esta es la palabra de fe que predicamos: que si confesares

> *El poder creativo del Todopoderoso está en nuestros labios y en nuestro corazón.*

con tu boca que Jesús es el Señor, y creyeres en tu corazón que Dios le levantó de los muertos, serás salvo».[5] Éste y solamente éste es el requisito del Señor para tener vida eterna y entrar a ser parte de la familia de Dios. Moisés también se refiere a esto como nuestra opción de escoger bendición y vida o maldición y muerte.[6]

Con nuestra boca sembramos semillas de bendición o de maldición, el fruto es determinado por la semilla que sembramos. Nuestras palabras son semillas que sembramos, y éstas reproducen conforme a su género.[7] El poder creativo de Dios es activado por las palabras que declaramos.

El libro de Génesis es conocido como el libro de los principios. En el relato de la Creación podemos observar que el mundo fue creado por las palabras de Dios. En los primeros 29 versículos de la Biblia hallamos la expresión «dijo Dios» diez veces, cada una de ellas concluyendo con la expresión: «y fue así». Es este mismo poder creativo que, operando a través de la fe, el apóstol Pablo alude diciendo *llama las cosas que no son como si fuesen*.[8]

En la parábola del sembrador encontramos una maravillosa revelación de uno de los misterios del reino. Jesús declara que el sembrador salió a sembrar y las semillas cayeron en diferentes lugares, pero las únicas que tuvieron fruto fueron aquellas sembradas en un *buen terreno*. Los discípulos le pidieron que les explicara el significado de esta parábola y Él respondió diciéndoles que a ellos les era dado conocer los *misterios del reino de Dios*. Procedió a explicarles que la semilla era la *palabra de Dios*, y termina diciéndoles: «Más la que cayó en buena tierra, éstos son los que con corazón bueno y recto retienen la palabra oída, y dan fruto con perseverancia».[9] La palabra retener, en el texto griego, es similar a la expresión de una semilla implantada en la matriz que concibe un embarazo, que eventualmente conducirá al nacimiento de una nueva criatura.

Somos sembradores de semillas de bendición o de maldición. La Biblia dice: «Así es el reino de Dios, como cuando un hombre echa semilla en la tierra; y duerme y se levanta, de noche y de día, y la semilla brota y crece sin que él sepa cómo».[10] El apóstol Pablo declara en su Carta a los Gálatas, que todo lo que el hombre siembra, eso mismo segará.[11] Las palabras que decimos son semillas sembradas que eventualmente fructificarán para producir el fruto de lo que hemos sembrado.

«Bendición» es una palabra compuesta del castellano antiguo que significa «bien decir». Esto quería decir, en aquellos tiempos, el decir algo conforme a lo que Dios había hablado. Asimismo, el término «maldición» igualmente se refería al «mal decir». Lo cual era lo opuesto o el hablar algo contrario a lo que Dios había declarado.

Santiago dice que nosotros ofendemos con nuestras palabras, y luego procede a explicar que con la lengua maldecimos al hombre y bendecimos a Dios. E incluso declara que de una misma boca proceden bendición y maldición.[12]

Algunas veces me han preguntado en diferentes lugares donde me encuentro ministrando cuál es mi segundo nombre y qué representa la «P» de Héctor P. Torres. Cuando se los comento, se sorprenden al saber que es Pastor. Desde mi juventud declaré continuamente que en el futuro iba a ser un sacerdote al servicio de Dios. Mi trasfondo católico, naturalmente, pensaba algo muy diferente a lo que hoy día veo es la realidad.

El primer domingo de febrero de 1976 conocí a Jesucristo como mi Salvador. Desde aquel entonces, y con el conocimiento que ahora tengo, entiendo que soy un sacerdote de Dios y que hace más de veinte años estoy sirviendo al Señor en el ministerio.

Cuando tenía pocos años de edad, ocurrió algo interesante en mi vida. Mi primo Carlos, sacerdote católico, con frecuencia dejaba su sotana, capote y gorro en la casa de una de mis tías, a la cual yo visitaba con frecuencia para poder jugar con mis primas. Cuando los adultos no se encontraban en la casa, me gustaba ponerme los atavíos y salir por las calles del vecindario «bendiciendo» a los que transitaban por ellas y declarando bendiciones. A mis padres y familiares, de niño les decía que cuando fuera mayor de edad, iba a ser un «padre». Mis primas se burlaban, diciéndome que probablemente un padre de familia, y yo les discutía afirmando que sería un padre en el reino de Dios. Hoy día, y ya con muchos años más de vida, puedo darme cuenta de que el destino que Dios había puesto en mi vida y en mi corazón se está cumpliendo. ¿Será posible que esta continua declaración de mi porvenir haya sido establecida como nos lo dice esta porción de la Biblia?

Recuerdo que cuando era niño mi padre parecía conocer el futuro, pues con frecuencia lo que expresaba que iba a ocurrir, ocurría. En cierta oportunidad nos encontrábamos en la piscina de un balneario de aguas termales cerca de Bogotá, Colombia. Papá le decía a una de mis hermanas que se iba a caer al agua, y como a la tercera vez de decírselo, eso ocurrió. En diferentes ocasiones le decía a otra de mis hermanas que sus movimientos eran torpes y que si no se corregía iba a derramar lo que llevaba en la mano. Tal y como lo profetizaba, así ocurría. Podría relatar un sinnúmero de ocasiones similares, pero creo que el lector mismo puede pensar en situaciones parecidas en su vida. ¿Qué estaba ocurriendo? Simplemente que se estaba recibiendo el fruto de las semillas que se habían hablado. Recibimos lo que declaramos con la boca. Nuestras palabras son una profecía de nuestro porvenir. El único requisito es que lo que declaremos con la boca, lo creamos en el corazón (la mente del hombre).

Si entendemos el concepto de ser sembradores de semillas de bendición o maldición, entonces creo que tendremos que empezar a cambiar lo que decimos. Por lo general, nuestra cultura nos lleva a pensar y a hablar negativamente. Como dice Joel Osteen en su fabuloso e impactante libro, convertido en bestseller: «Nuestras palabras tienen enorme poder, y queramos o no, daremos vida a lo que decimos, sea bueno o sea malo».[13]

Nuestro idioma y cultura están repletos de negativismo. Desde niños escuchamos y aprendemos a hablar de esa manera. Algunos de nuestros dichos se originan en la cultura árabe, que a través de los moros se infiltró en España y éstos la trajeron a América durante la conquista. Dichos como «Es mejor malo conocido que bueno por conocer» o «Caballo grande, ande o no ande» son, con frecuencia, comentarios que proceden de nuestros labios, pero éstas no son palabras positivas sino negativas.

Debemos tener un lenguaje positivo si queremos ver un futuro positivo. El apóstol Pedro nos exhorta diciendo:

El que quiere amar la vida
y ver días buenos,
refrene su lengua de mal,
y sus labios no hablen engaño.[14]

Osteen lo dice así:

Las palabras son parecidas a las semillas. Al decirlas en voz alta, son plantadas en nuestra mente subconsciente, y cobran vida propia; echan raíces, crecen y producen la misma clase de fruto. Si decimos palabras positivas, nuestras vidas caminarán en esa dirección; de la misma forma, las palabras negativas producirán los mismos resultados.[15]

No podemos vivir y experimentar una vida de *éxito, seguridad y tranquilidad*, si las declaraciones que salen de nuestra boca y de nuestros labios son negativas y de derrota, fracaso, incapacidad o inhabilidad. El apóstol Santiago nos exhorta a refrenar nuestra lengua.

En el libro de Números encontramos el relato del pueblo hebreo, que en el desierto comenzó a declarar con gritos y voces, murmurando que su deseo era morir en Egipto o en el desierto. En una sorprendente declaración de los labios del Dios Todopoderoso, éste les responde: «Según habéis hablado a mis oídos, así haré yo con vosotros. En este desierto caerán vuestros cuerpos; todo el número de los que fueron contados de entre vosotros, de veinte años arriba, los cuales han murmurado contra mí».[16]

El libro de los Proverbios dice que del fruto de la boca del hombre se llenará su vientre, y la vida y la muerte están en el *poder de la lengua*, y el fruto que hablamos determinará lo que probamos.[17]

Tenemos que cuidar las palabras que les decimos a nuestros seres queridos, e incluso a aquellos sobre los cuales tenemos algún tipo de influencia. Asimismo, lo que hablamos en un momento de adversidad, crisis o dificultad, ayuda a quitar o retener la condición que vivimos. Si queremos ver cambiar las condiciones que nos afectan, tendremos que aprender a declarar los resultados que deseamos ver. «Como padres podemos afectar profundamente la dirección de las vidas de nuestros hijos (discípulos, familiares, empleados y toda persona sobre la cual tenemos cualquier tipo de influencia) por medio de las palabras que les decimos».[18]

El profeta Isaías, reconociendo el poder de sus palabras, declara: «Porque como desciende de los cielos la lluvia y la nieve, y no vuelve allá, sino que riega la tierra, y la hace germinar y producir, y da semilla al que siembra, y pan al que come, así será mi palabra que sale de mi boca; no volverá a mí vacía, sino que hará lo que yo quiero, y será prosperada en aquello para que la envié».[19]

Las palabras que salen de nuestra boca no regresan vacías, son prosperadas o traerán el resultado esperado. ¿Cómo podemos entonces cambiar radicalmente lo que sale de nuestros labios? En la siguiente sección lo podremos ver.

*Aprenda a hablar el lenguaje del reino de Dios*

El fruto es determinado por la semilla que se siembra. Como sembradores debemos aprender a sembrar semillas de bendición. Esto nos lleva al principio no 3, sobre la necesidad de atesorar en nuestro corazón la Palabra de Dios y sus más de 37 mil promesas.

Jesús, en un momento que fue retado por los escribas y fariseos, les habló del poder de sus palabras y de las consecuencias de toda palabra buena o mala diciendo:

> O haced el árbol bueno, y su fruto bueno, o haced el árbol malo, y su fruto malo; porque por el fruto se conoce el árbol. ¡Generación de víboras! ¿Cómo podéis hablar lo bueno, siendo malos? Porque de la abundancia del corazón habla la boca. El hombre bueno, del buen tesoro del corazón saca buenas cosas; y el hombre malo, del mal tesoro saca malas cosas. Mas yo os digo que de toda palabra ociosa que hablen los hombres, de ella darán cuenta en el día del juicio. Porque por tus palabras serás justificado, y por tus palabras serás condenado.[20]

El término «juicio», en griego, y aquí usada, es la palabra *krisis*, que según el *Diccionario Expositivo* de

Vine[21] significa «juicio o decisión». Es decir, en el día de crisis o de decisión veremos el resultado del fruto que hemos sembrado. Si sembramos palabras ociosas, daremos cuenta de ellas.

¿Cómo podemos ver el fruto de las promesas que hallamos en la Biblia? ¡Declarándolas y creyéndolas!

Una de las promesas más grandes de la Biblia fue la de Dios a Abraham y a sus descendientes de bendecir a los que les bendicen y de maldecir a los que les maldicen, y establece la razón para bendecir diciendo: «Serás bendición... y serán benditas en ti todas las familias de la tierra».[22]

Las palabras que declaramos sobre los hijos, cónyuges, seres amados o aun sobre nuestras labores o negocios establecen el porvenir. Es decir, son palabras que profetizamos sobre lo que les ha de acontecer.

La Biblia nos dice que el patriarca Jacob llamó a sus hijos y los juntó para hablarles sobre lo que les ocurriría en días venideros, es decir les profetizó su futuro, su porvenir. Luego procede a hacer declaraciones sobre cada uno de sus doce vástagos, algunas muy positivas y otras algo negativas. Al estudiar lo que afirmó sobre cada uno de ellos, vemos que todo lo que les dijo, así fue. ¿Será posible que reconociese el poder creativo de sus palabras? Y después de terminar de profetizarles a cada uno, la Biblia concluye diciendo: «Todos éstos fueron las doce tribus de Israel, y esto fue lo que su padre les dijo, al bendecirlos; a cada uno por su bendición los bendijo».[23]

Nuestras palabras tienen la misma clase de poder que las palabras declaradas por Isaac y Moisés sobre las doce tribus de Israel, y afectan directamente el futuro de aquellos sobre los cuales son dichas.

El apóstol Pedro, entonces, nos instruye a hablar lo que Dios ha hablado: «Si alguno habla, hable conforme a sus palabras».[24] Dios desea que continuamente declaremos las promesas que nos ha dado, para que éstas sean retenidas en nuestra mente y en nuestro corazón y produzcan fe para concebirlas.

La Biblia contiene miles de bendiciones que Dios nos ha dado, las cuales son parte de nuestra herencia. Nos es necesario depositarlas en nuestro corazón para hacer uso de ellas en los momentos de precisa necesidad. El mismo apóstol nos dice que ellas son las palabras proféticas más seguras, a las cuales hacemos bien en prestar atención en momentos de oscuridad, hasta que amanezca el día y la luz resplandezca en nuestros corazones.

El rey Salomón nos aconseja con las siguientes palabras en el libro de los Proverbios:

Hijo mío, está atento a mis palabras;
inclina tu oído a mis razones.
No se aparten de tus ojos;
guárdalas en medio de tu corazón;
porque son vida a los que las hallan,
y medicina a todo su cuerpo.
Sobre toda cosa guardada, guarda tu corazón;
porque de él mana la vida.
Aparta de ti la perversidad de la boca,
y aleja de ti la iniquidad de los labios.
Proverbios 4.20-24

Las promesas de Dios son vida, son medicina, por eso debemos guardarlas en nuestro corazón y apartar de nuestra boca toda palabra de maldición, a las que llama perversidad e iniquidad.

Nuestros labios son un manantial de vida y bendición o muerte y maldición. «Manantial de vida es la boca del justo y el necio de labios será castigado».[25]

Jesucristo maldijo una higuera que no producía fruto, es decir una higuera estéril, y sus discípulos, al día siguiente, viendo que se había secado, le mostraron el fruto de sus palabras, a lo cual Jesucristo les respondió: «Tened fe en Dios (en el texto griego dice literalmente "tened la fe de Dios").[26] Porque de cierto os digo que cualquiera que dijere a este monte: Quítate y échate en el mar, y no dudare en su corazón, sino creyere que será hecho lo que dice, lo que diga le será hecho».

El tener la fe de Dios es el hablar las cosas que no son como si fuesen, por lo tanto nos dice que declaremos lo que deseamos ver.

Hace algunos años, una amiga de ministerio llamada Mary Ruth Swope me regaló un libro maravilloso que había escrito, *Bendice a tus hijos diariamente*. Esta obra cambió radicalmente mi manera de pensar y de hablar, y me impresionó tanto que le pedí permiso para traducirla del inglés al castellano. Desde entonces, miles de ejemplares se han distribuido a los más diversos rincones del continente.

Durante los últimos años he visto el fruto de las palabras que he declarado sobre el ministerio que Dios me ha concedido, sobre mi esposa, mis nietos, mis finanzas. Los reto a que comiencen a declarar bendiciones sobre todos y toda obra de sus manos. He declarado vida en vientres estériles y en numerosas ocasiones matrimonios de muchos años de casados han concebido hijos y ahora gozan de la bendición del fruto de su vientre.

 El principio 8, si quiere experimentar una vida de éxito, seguridad y tranquilidad, es recordar que nuestras palabras son la semilla de nuestro porvenir.

# 8

## El resultado

Y sobre tus caminos resplandecerá luz.
Job 22.28b

EL RESPLANDOR DE LA LUZ NOS enseña el camino para no tropezar y caer. La luz representa aquello que ilumina en medio de la oscuridad para ayudar a guiarnos sin tropiezo ni caída. Esta luz nos guía a la luz de Dios. El salmista declara: «Porque contigo está el manantial de la vida; En tu luz veremos la luz».[1]

El concepto principal es el de mostrarnos la luz que nos ayuda a caminar nuestra vida diaria en medio de un mundo de oscuridad y tinieblas. El rey David toma del libro de Job para decir que el camino o la senda de los justos es como la luz de la aurora, que va en aumento hasta que el día es perfecto.[2]

En una ocasión me encontraba de viaje por una región remota en una zona montañosa de Colombia, cuando al automóvil en el que viajábamos se le apagó el motor. El sol se escondía detrás de la cordillera y el atardecer se esfumaba. Al poco tiempo, la noche había entrado y estaba profundamente oscuro. No podíamos observar el motor, pues no teníamos linternas ni luces en el auto, por lo tanto nos era imposible determinar la razón del problema y repararlo. Junto a mi hermano comenzamos a orar a Dios expresando las promesas de que Él nunca nos dejaría ni desampararía, y declaramos también en fe las promesas de que los pasos del justo son guiados por el Señor, y que Dios nos enviara auxilio para esta necesidad.[3]

A los pocos minutos y a la distancia, pudimos distinguir una luz que se acercaba a nosotros paulatinamente. Pronto llegaron frente a nosotros dos personas en un jeep, las cuales se detuvieron y nos ofrecieron su ayuda. Al contarles lo que nos había sucedido, inmediatamente nos dijeron qué era lo que le ocurría al auto y me dieron instrucciones de cómo repararlo. Mientras me metí debajo del auto para hacer lo que me habían dicho, ellos ascendieron a su vehículo y continuaron la marcha. Una vez que hice lo que habían recomendado, el auto se puso en funcionamiento y pudimos emprender camino. Pero he aquí que en una noche tan oscura, extrañamente las luces del vehículo que nos ayudó no se veían por ninguna parte. Al entrar a la población más cercana, pregunté si alguien había

*Somos llamados a ser la luz en medio de un mundo de tinieblas.*

visto a estas dos personas, fácilmente distinguibles por su elevada altura, y nadie las conocía. Hasta hoy día creo que Dios envió a sus ángeles para rescatarnos tal y como Él promete en su Palabra.

Durante una cruzada de evangelismo en un estadio de Latinoamérica, en medio de la predicación se apagaron las luces de las instalaciones y todo quedó a oscuras. Poco a poco, los asistentes comenzaron a prender fósforos, linternas y otras cosas. Cuando la primera luz se encendió, por más pequeña que fuese, se iluminó en medio de las tinieblas y era claramente visible en todo el estadio. En ese momento, el Espíritu

Santo me mostró cómo nosotros somos llamados a ser la luz en medio de un mundo de tinieblas, y cómo, por más que sea una sola luz, ésta, en la lobreguez, resplandece y la esparce. Jesús dijo:

> Vosotros sois la luz del mundo; una ciudad asentada sobre un monte no se puede esconder. Ni se enciende una luz y se pone debajo de un almud, sino sobre el candelero, y alumbra a todos los que están en casa. Así alumbre vuestra luz delante de los hombres, para que vean vuestras buenas obras, y glorifiquen a vuestro Padre que está en los cielos.[4]
>
> Yo soy la luz del mundo; el que me sigue, no andará en tinieblas, sino que tendrá la luz de la vida.[5]

¿Ha notado el lector cómo la luz siempre resplandece en las tinieblas? El apóstol Pablo dice que en medio de una generación maligna y perversa, debemos resplandecer como luminares.[6]

En mi libro *Comunidades transformadas con oración*,[7] hablamos precisamente de esto. Bíblicamente, el concepto de tinieblas no se refiere solamente a la ausencia de luz, como el resplandor de la luz eléctrica, del Sol o de la Luna, sino que alude a la condición pecaminosa del ser humano.

El apóstol Juan, refiriéndose a Cristo, dice: «En él estaba la vida, y la vida era la luz de los hombres. La luz en las tinieblas resplandece, y las tinieblas no prevalecieron contra ella».[8] Leemos también en las palabras del mismo Jesucristo que Él es la luz que vino al mundo, pero esa luz fue rechazada por la condición espiritual del hombre y sus obras, y añade que para poder continuar viviendo una vida descarriada y en pecado, el hombre rechaza la luz, ya sea de Cristo, del creyente o del evangelio, aun hasta el punto de aborrecerla.[9]

El autor Jim Nelson, en su libro titulado *Cuando las naciones perecen*, identifica 10 señales de aviso de una cultura o una nación en crisis:

## Decadencia en el área social

1. Corrupción y desobediencia a la ley
2. Falta de disciplina económica (inestabilidad económica)
3. Aumento de la burocracia

## *Decadencia en el área cultural*

1. Decadencia en la educación
2. Desmoronamiento de los valores culturales y desintegración familiar
3. La pérdida de respeto a los valores humanos
4. El crecimiento del consumismo o materialismo

## *Decadencia en el área moral*

1. El aumento de la inmoralidad (incesto, adulterio, fornicación, prostitución, homosexualismo, brutalidad, etc.)
2. Rechazo a los conceptos bíblicos
3. La poca valoración del ser humano (deshumanización). Esto es abortos, homicidios, suicidios, violencia, etc.

¿Qué es lo que lleva a una nación a estos extremos en cuanto a su estado político, social, económico y espiritual? *La oscuridad espiritual, el avance de las tinieblas y la ausencia de una luz espiritual.*[10]

San Pablo escribe palabras de exhortación y consejo a los creyentes en la ciudad de Corinto y dice:

Pero si nuestro evangelio está aún encubierto, entre los que se pierden está encubierto; en los cuales el dios de este siglo cegó el entendimiento de los incrédulos, para que no les resplandezca la luz del evangelio de la gloria de Cristo, el cual es la imagen de Dios.[11]

El profeta Isaías entonces nos exhorta a levantarnos y a resplandecer, declarando que el manantial de vida, la luz, que es Cristo, que refleja la gloria del Todopoderoso y las buenas nuevas y que es llamada la luz del evangelio de Cristo, deben brillar y resplandecer en un mundo de tinieblas y de oscuridad de tal manera, que las gentes se vean atraídas hacia esa luz que reflejamos y hacia ese resplandor que viene cuando tenemos un encuentro con Dios.[12]

El apóstol Pablo usa el término griego *epipháneia*, literalmente «resplandecer», para referirse a un encuentro soberano con Dios. Creo que esto nos regresa al primer capítulo, donde hablamos sobre la gran importancia de volver a tener intimidad con Dios. Una intimidad que conduce a la prosperidad sobre aquellos que ponen en práctica estos principios fundamentales para lograr una vida de éxito, seguridad y tranquilidad.

La promesa de Dios para aquellos sobre los cuales resplandece su luz:

Mas no habrá siempre oscuridad para la que está ahora en angustia, tal como la aflicción que le vino en el tiempo que livianamente tocaron la primera vez a la tierra de Zabulón y a la tierra de Neftalí; pues al fin llenará de gloria el camino del mar, de aquel lado del Jordán, en Galilea de los gentiles. El pueblo que andaba en tinieblas vio gran luz; los que moraban en tierra de sombra de muerte, luz resplandeció sobre ellos. Multiplicaste la gente, y aumentaste la alegría. Se alegrarán delante de ti como se alegran en la siega, como se gozan cuando reparten despojos. Porque tú quebraste su pesado yugo, y la vara de su hombro, y el cetro de su opresor, como en el día de Madián. Isaías 9.1-4

# Notas

## Introducción

1. Hageo 1.6
2. Bruce Wilkinson, *The Prayer of Jabez* (Sisters, OR: Multnomah, 2000), p. 9. [*La oración de Jabes* (Miami: Editorial Unilit, 2001).]
3. Job 42.7
4. Friedrich Delitzsch y Johann Carl Friedrich Keil, *Commentary on the Old Testament* [Comentarios del Antiguo Testamento], vol. 4 (Grand Rapids: Eerdmans, 1985), p. 449. Traducido del alemán.
5. Ibid., pp. 451-53.
6. Efesios 4.15

## Capítulo 1

1. Apocalipsis 2.2-4
2. Lamentaciones 5.21
3. Génesis 2.23
4. 1 Samuel 12.13
5. Mateo 11.12

6 Hechos 4.29
7 Apocalipsis 12.10
8 Génesis 4.1
9 Mateo 1.25
10 *Biblia Plenitud*, ed. Jack Hayford (Nashville: Editorial Caribe, 1994), p. 1123.
11 2 Pedro 1.2-4

## Capítulo 2

1 Mary Ruth Swope, *Bless Your Children Every Day* [Bendecir a sus hijos cada día] (Lone Star, TX: Swope Enterprises, 2003), p. 22. Comentario sobre *Precious Bible Promises* [Preciosas promesas bíblicas] (Nashville: Thomas Nelson, 1990).
2 *Biblia Plenitud*, ed. Jack Hayford (Nashville: Editorial Caribe, 1994), p. 1713.
3 Lucas 6.45

## Capítulo 3

1 Lucas 15.11-32
2 Jeremías 29.13, Oseas 10.12, 1 Crónicas 16.11, Lamentaciones 3.25
3 Josué 1.5, Hebreos 13.5
4 Proverbios 14.11, Job 5.24, Job 29.4, Génesis 25.27
5 Números 24.5
6 Isaías 54.2

## Capítulo 4

1 *Biblia Plenitud*, ed. Jack Hayford (Nashville: Editorial Caribe, 1994), pp. 607-8.

2 Ibid., p. 1267.
3 *The Arizona Republic* (Estados Unidos de América), 7 noviembre 1986.
4 1 Juan 1.9-10, 2.1
5 Andrew Wommack, *Grace and Faith* [Gracia y fe] (Melbourne, FL: Dove Christian Books, 1990).
6 2 Pedro 1.3-7
7 1 Corintios 13.13
8 Gálatas 5.6b
9 Isaías 61.7
10 Joel Osteen, *Su mejor vida ahora* (Lake Mary, FL: Casa Creación, 2005), p. 75.

## Capítulo 5

1 Efesios 6.18
2 Ezequiel 22.29-30
3 Filipenses 4.6
4 1 Juan 1.9, Daniel 9.13
5 Nehemías 9.2, Esdras 9.5-7, Daniel 9.4-6
6 Mateo 6.9, Lucas 11.2
7 Salmo 4.3
8 Jeremías 29.12
9 1 Juan 5.14-15
10 F. Fénelon, *Instructions in the Divine Life of the Soul* [Instrucciones para la vida divina del alma], ed. James W. Metcalf (New York: M. W. Dodd, 1853). http://www.ccel.org/ccel/fenelon/progress.i.html
11 1 Timoteo 4.7
12 Colosenses 1.10
13 W. E. Vine, *Diccionario expositivo de palabras del Antiguo y del Nuevo Testamento* (Nashville: Caribe Betania, 1999), s.v. «perseverar».

[14] Isaías 64.4
[15] Bruce Wilkinson, *The Prayer of Jabez* (Sisters, OR: Multnomah, 2000), p. 49. [*La oración de Jabes* (Miami: Editorial Unilit, 2001).]
[16] F. Fénelon, *Instructions in the Divine Life of the Soul.*
[17] Marcos 11.24
[18] *Biblia Plenitud*, ed. Jack Hayford (Nashville: Editorial Caribe, 1994), p. 1267.

## Capítulo 6

[1] 2 Corintios 1.20
[2] 1 Reyes 8.56, Josué 21.45
[3] Marcos Witt, «Dios de Pactos» (Sony International, 2003).
[4] Números 30.2
[5] Jeremías 44.25
[6] Isaías 24.6
[7] *Webster's Collegiate Dictionary*, ed. 1945, s.v. «vow».
[8] *Aristos: Diccionario ilustrado de la lengua española* (Buenos Aires: Sopena, 1978), s.v. «voto».
[9] Salmo 61.8
[10] Salmo 61.5
[11] Héctor Torres, *Venga tu Reino* (Lake Mary, FL: Casa Creación, 2004), cap. 7.
[12] Malaquías 3.8-9, 1 Timoteo 5.17
[13] Salmo 138.2

## Capítulo 7

[1] *King James Version: Holy Bible with Apocrypha, with Alternate Readings and Renderings* (New York: American Bible Society, 1975).

## Notas

[2] *Santa Biblia, Versión Reina Valera Revisión 1977* (Terrassa, España: Clie, 1977).

[3] Génesis 1.26

[4] Deuteronomio 30.14

[5] Romanos 10.6-9

[6] Deuteronomio 30.15-20

[7] Génesis 1.11

[8] Romanos 4.17

[9] Lucas 8.4-15, Mateo 13.10, Marcos 4.11

[10] Marcos 4.26-27

[11] Gálatas 6.7

[12] Santiago 3.8-10

[13] Joel Osteen, *Su mejor vida ahora* (Lake Mary, FL: Casa Creación, 2005), p. 120.

[14] 1 Pedro 3.10

[15] Osteen, p. 120.

[16] Números 14.2, 28-29

[17] Proverbios 18.20-21

[18] Osteen, p. 131.

[19] Isaías 55.10-11

[20] Mateo 12.33-37

[21] W. E. Vine, *Diccionario expositivo de palabras del Antiguo y del Nuevo Testamento* (Nashville: Caribe Betania, 1999), s.v. «juicio».

[22] Génesis 12.2-3

[23] Génesis 49.28

[24] 1 Pedro 4.11

[25] Proverbios 10.10-11

[26] Marcos 11.22-23

## Capítulo 8

[1] Salmo 36.9

# Notas

[2] Proverbios 4.18
[3] Salmo 46.1
[4] Mateo 5.14-16
[5] Juan 8.12
[6] Filipenses 2.15
[7] Héctor Torres, *Comunidades transformadas con oración* (Nashville: Caribe Betania, 1999), pp. 18-24.
[8] Juan 1.4-5
[9] Juan 3.19-21
[10] Torres, *Comunidades transformadas con oración*, p. 20.
[11] 2 Corintios 4.3-4
[12] Isaías 60.1-4

## Acerca del autor

HÉCTOR TORRES ES EL PRESIDENTE Y FUNDADOR del Ministerio Hispano Internacional. Es miembro de la Coalición Apostólica Internacional (ICA), miembro fundador de la Coalición Apostólica de Colombia (CAC), ex miembro del Consejo Apostólico de Ancianos Proféticos (ACPE) y coordinador del Consejo Mundial de Oración para Iberoamérica. Es también socio de la Fraternidad Internacional de Compañeros Transformacionales (IFTP). Recibió su doctorado de filosofía en Relaciones Cristianas Internacionales en Vision International University de California, Estados Unidos de América. También es autor de varios éxitos literarios, entre ellos *Liderazgo: Ministerio y batallas, Derribemos fortalezas, Comunidades transformadas con oración, Apóstoles y profetas* y *Venga tu Reino.*

Para más información sobre el autor visite:

www.hectortorres.org

Printed in the USA
CPSIA information can be obtained
at www.ICGtesting.com
JSHW03190925 0724
66981JS00005B/26